고양이는 왜 입체적인가

김자흔 시집

시인동네 시인선 235　　　　　　　　　　　　김자흔 시집

고양이는 왜 입체적인가

시인동네

시인의 말

나는 당신의 속눈썹 떨리는 것도 보여요.

바람의 말에 자연은 모든 표정이 되었습니다.

얼굴을 벗고 바닥에 누웠습니다.

머리끝까지 기본을 잡아당겼습니다.

2024년 7월

김자흔

차례

시인의 말

제1부

처음 같은 연정 · 13

낭만적인 무덤 · 14

달의 몰락 · 16

홀로의 여행 · 18

오래된 심지 · 20

진화 중인 관계 · 22

그러고도 한참을 · 24

공작 불매칭 · 25

밤의 여행 · 26

때 · 28

기억으로 안녕 · 30

무작정 숲 · 32

마지막엔 나무 · 34

제2부

달아오른 씨앗 · 37

이 별을 위해 · 38

핀볼게임 · 40

헤이 헤이 헤이 · 42

그다음의 문제 · 44

메멘토 모리 · 45

사막의 침묵 · 46

진지하게 결합 · 48

계절을 선도하는 여행자처럼 · 50

백 년 동안의 고독 · 52

블루곤의 비밀처럼 · 54

지극히 정안 · 56

제3부

긴장된 애교 · 59

시간적인 농담 · 60

자명한 마이너스들 · 62

방황이 다가 아니어서 · 64

가면무도회 · 66

생각은 덤 · 67

그 사이에서 · 68

잘난 오해로 · 70

지구 엔드게임 · 72

칠월 · 74

흰 독말풀 · 75

미니멀한 마우스 · 76

마당엔 독사 · 78

고독적인 버섯 · 80

제4부

허밍허밍한 낮 · 83

나 홀로 솔캠 · 84

스위트한 농담 · 86

입체적인 감정들 · 88

외롭게 가는 2월 · 90

여행지의 비밀 · 91

지금은 어때요 · 92

잘된 굿바이 · 94

유발된 감정 · 96

소일 · 97

우리 안녕은 내일에서 · 98

모순 · 100

서로 원활히 · 102

정안 하고(河鼓) · 104

해설 시간성의 외로운 지평 · 105
   오민석(문학평론가 · 단국대 명예교수)

제1부

처음 같은 연정

은밀하게 딱 하루 같은 느낌으로

하얀 산의 몽블랑과
하얀 호수의 앙블랑

이건 농담이 아니라서
상관없는 것들을 마구 차갑게 하지

진짜 보고 싶을 때 못 보는
눈먼 샤먼의 일상
그것이 약간 어긋날 때
톡 오르혼강은 말하지

"가끔씩 휘어지던 우린 똑같은 날은 없었네"

딱 하루만 조각 난 기를 모아
무채색 연정을 통째로 이어받도록

낭만적인 무덤

아직 더 걸어가야지

시작이 될지도 모르는
처음 느낌의 그대로

오색빛 발하는 조개 무덤 언저리를 지나
훈훈하게 밤이 내려오고
날아가는 가시나무새는 영롱한 깃을 버리고

수천 겹 수만 층의 조개 무덤가엔
총천연색 팔레트가 부풀어 오르고
인고의 빛을 받아먹은 바오바브나무는
떠오르고 날아가며
반짝반짝 자라나고

더 늦기 전에
사후세계를 조개 무덤이라 믿는 소금밭의 무지개는
은밀하고 과감하게

투자하고

떨어지고

오색 광물질 무덤 아래

인고의 빛이 기다리지 않더라도

우리는 하던 대로 늘 낭만적인 무덤 길에서

후회 없이 걸어가고

달의 몰락

달의 몰락은 간지러운 색

그런 일엔 모두가 더욱 잘 공감하는 시간

다시 시작하기엔 인내는 단합을 낳고
계속되는 감시는 멈춰서야 하지만

삶은 원래 다 같이 그러는 거다

그런 일은 대체 왜! 하고 묻는다면
그럼 난 이렇게 대답해야겠다

어? 갔네!
진짜 나 혼자네!

뭔가 될듯하다가 꺾이고 될듯하다가 새로이 꺾이니
끝까지 기어서라도 가볼 테야 하는 생각은
완벽하게 재미있겠지

멋지게 나이 든다는 말을 세상 밖으로 내놓고
실현 가능성을 대비하고 싶은 날

이 말은 내일 쓰기로 하고
오늘은 그대로인 나

그런데 바람의 땅 몽골에선 소 말을 매일 볼 수 있나요?

홀로의 여행

오늘도 누군가는 홀로 끝장이라고요

그토록 차갑게 꿈꾸던 폭포는
폭발해서 힘이 세고요

수많은 스파이 벌은 힘센 남성처럼 날아올랐죠

난 그렇게 순수하지 않지만요

여행은 추억을 얻기보단 감각이 더 중요하단 걸
미래로 파악했어요
천국보다 낯선 추억은 더 깊고 낮게
하나의 길로 달려 나가야 한다는 것도요

일련의 움직임엔 냉각이 일어나요

가령 어느 가혹한 여름은 길을 잃기도 하고요

비 오는 날은 모두가 용서가 되니
연정으로 가기도 해요

별거보다 이별해서 좋은 이유는
눈의 보금자리에
낯선 흔적을 보여주는 구실이었어요

우린 미래는 생각하지 않아요

별빛 아래 어디선들 현재만 얘기할 수 있도록
오늘을 걷는 거예요

나는 이런데 당신은 어때요?

오래된 심지

예상한 바였죠

반응은 좀 서툴렀지만
어두운 부분이 아닌
가장 빛나는 부분에서 엑셀라이트로
반짝

미래의 간극을 조심스럽게 따라가다
또 다른 흔들림에 뼈를 뼈답게 하는 시간을 넘어
식물도 죽어 단단한 뼈를 남기죠
올곧아서 주변을 두리번거리지 않고
쓰러진 자리에서 아래로 아래로
곧은 심지를 내리죠

오래된 시간은 저축 같은 매력이 있어요
우리가 몰랐던 시간을 출발했다 믿고는
끝내는 정확한 몰입으로 견디어 내죠

자연으로 돌아간 심지는
십 년 후 만우절에나 고백하려고
시간을 몰입해 두죠

다양한 관점을 필요로 하는
오래된 사진첩처럼 하나에서 시작해
더욱 단단해진 이야기는
다음으로 남겨두려고요

진화 중인 관계

내 발가락은 아직도 진화 중이구요

뭉툭했던 새끼발가락은 자꾸 길어져
어른이 된 지금은 이제 밉지 않게 되었죠

가끔은 신체 일부도 이렇게 개성 있지만요

사자의 위선에 토끼의 얼굴은
검은 샤머니즘과 결합하여
늘 분화되고 싶었던 거예요

이게 굉장히 모호해요

절대 머무르지 않는 문맥을 버리고
다시 달래주는 것처럼
오후로 밀쳐버린 이 감정은
내 귀로에 익숙지 않다는 거예요

세상의 진화는 모두 그럴 거거든요

그래서 가끔은 진화 중인 관계에
단호한 금지를 배분시키죠

곧 겨울이네요
아무래도 봄은 멀겠군요

아니요, 봄은 오고 있답니다

그러고도 한참을

쭈뼛쭈뼛 슬퍼해 줄까
빼뱃빼뱃 아파해 줄까
하필 하얀 배를 납작하게 내보이고 갔냐고
냅다 지청구를 날려줄까

반복되는 의문을 질문으로 전할까
말까 하다 한참을 기웃기웃

(마지막 가는 길은 짐작도 못할 터이지만)
뜨겁게 달아오르는 한낮의 도로에 이른 목숨 내주고 박제되어가는 몸피의 흔적을 도무지 진단 내릴 수 없어 뭐가 이상한지 어떻게 이상한지 물어볼 수도 없어 한참을 쭈뼛쭈뼛

그걸 오늘은 알지 못해
내일까진 꾹!

공작 불매칭

이건 태양을 먹은 새

그것은 한눈에 알아볼 수 없는 것과
한 눈으로 바라볼 수 없는 것

오랫동안 붙들려 있다는 이 느낌은
귀머거리에서 눈뜬장님으로 가는
공작 불매칭

라면 한 개에 달걀 두 개로 정치적 영혼을 팔아치운 불매칭
공작새도 있다지만

이미 드러냈던 말에
간편하단 이유로 종내는 다문 입을 먹어치웠으니
오랫동안 귀머거리 장님인 불매칭인 공작은
그다음 과제에선
노답으로

밤의 여행

이래서 밤의 여행이군요

각각의 팔레트를 펼쳐 놓은 듯
해 떨어지는 균형적 감각이 필요해요

생의 마지막 장면을 마주하고
그러다 의심이 생기면 내 방식대로
나 홀로 방향감각을 잡아가는 거예요

날씨와 교접한 빛이 폭발될 때
죽은 나뭇가지는 술렁술렁 열매를 맺고
바람의 신은 바다에 물의 벽을 쌓아 올리죠

우연히 맞닥뜨린 자연은 우릴 배신하지 않아요

겹쳐지다 추억하다 붙여져서
유기적 관계로 일어서는 거예요
어제는 우아하고 품위 있게

내일은 또 밤의 숲을 버리려고 해요

어디로 가는 길이냐고 붙잡지 마요
얽히고설킨 미로에서
바람 햇빛 소금이 만들어낸
짠맛을 보러 가요

그나저나 오늘이 며칠인지 물어봐도 될까요?

때

아무러나!
그건 자연이 알아서 할 테고요

오늘은 혼자가 아닌 셋

어른과 아이
그 사이에서 혼자 외롭지 않으려고요

때와 계절은 따로 오는 게 아니에요
때가 맞는 계절도 때가 있으며
자신의 때도 다 때가 있는 것을 알아요
그래서 조용히 버티는 거죠 재미나게
그게 제일 중요해요
서로가 서로를 빛나게 할 때
우리 조금은 천천히 가기로 할 거예요

계절은 언제나 두려움을 숨기지 않아요
이 자리에 앉은 삶 또한 나쁘지 않고요

그러니 아쉬움을 둘 필요가 없어요

바다는 수평이어서 금방 질려버리고
성난 파도는 변화무쌍하지만
단단한 내일을 들여놓는 자연은
언제나 진심인 시간을 대면해요
대자연은 봐주는 게 없거든요

정말 좋았다면 좋은 때는
딱 여기까지!

우리 언제 또 봐요?

기억으로 안녕

기억은 엄청 깊어요
발이 안 닿아요

어쩌다 접어든 길에서
오르고 머무르고 흠뻑 바라보며
정말 그랬지 하면서
받아들이는 감정들을 세워놓고
사색할 수 있는 되새김엔
추억 닿는 곳의 현재와 미래가
조금씩 섞인다는 거예요

그것이 오늘은 제일 좋은 고리예요

그러나 슬쩍 어긋나기 시작하면 견디지 못해
퍽하고 튕겨 달아날 수도 있어요
꽉 잡고 있어야 해요
과거로 돌아가서 (아, 과거도 때론 필요해요)
모두가 공감할 순 없을지라도

그리운 만큼 금방 사라지기도 해요

뭐 괜찮아요
그런 게 덤이니까요

이제는 과거의 그리움을 버리려고요

안녕 수고했어요

우리 다신 엮이지 마요

무작정 숲

라디오 소리는 철 따라 숨어버리죠

죽은 나뭇가지는 술렁술렁 열매를 맺고
방랑의 신은 바다에 철벽을 이루었죠

방울 목에 방랑을 걸어준 바람은 노새 꼬리를 잡고
아무도 들지 않는 숲으로 무작정 들어갔답니다

그냥 멈추어 바람을 안을 수 있는
금지된 이유를 이끌어 가려나 봐요
숨은 것도 아니고 안 숨은 것도 아닌
우연은 운명이 될 수도 있거든요

저기 방금 전 숲과 자연 사이에
재미난 일이 벌어지고 있군요
방랑이란 숲이 이렇게 사유할 수 있는
단어인 줄 몰랐어요

오는 봄이 추워 우리 집 냉장고가 가난해졌답니다

겨울은 재밌었냐고요

모르겠어요
지금은 아무도 들지 않는 방랑 숲이에요

마지막엔 나무
― 피아니스트와 나무

상처 난 곳을 만지는 것 같아서 미안해요
사실은 아픈 게 아니고요
부드럽고 딱딱함
혹은 연약함이에요
바람은 한 번에 몰려오지 않아요
바람과 바람 사이엔 공기가 있어요
나무 향기는 나무의 언어에요
뿌리와 뿌리로 연결하는 꼬마 요정이에요
이 나무는 친절해요
따듯하고 보드랍고 아늑해요
무겁고 슬프게
때론 격정적으로
푸른 잎을 단풍처럼 물들이는 숙명으로
그래요 공평해서 어둠이 오는 거죠
그래서 마지막엔 결국 나무인 거죠

제2부

달아오른 씨앗

새이면서 동물이면서 열매이기도 한
씨앗은 불어오는 바람에
훅 훅 어퍼컷

바람은 매운 고추를 먹지 않아
혁명을 말할 수 없다 하는데
씨앗들은 여기저기서
씨다 씨다 씨다
새빨갛게 달아올라 왜곡하니

식물이면서 열매이기도 한 씨앗은
한 송이 꽃을 훅훅 피워내면서

더 늦기 전에
좀 더 폼나게
어퍼컷 컷

이 별을 위해

밤에는 잘 주무시고요

하나의 별은 꼭 지켜야 한답니다

5.5킬로미터의 주름진 별엔
태양의 피라미드

이렇게 높은 수직을 만들었는데
이별의 꽃은 너무 떨고 있어요
너무 떨어서 꽃이 피는 거예요

어쩌면 우리 생각보다 더 눈에 띄지 않게
수 초 사이로
아주 짧게

하늘 나는 의식을 두 겹 합쳐서 원형을 만들어내요
아찔해요
뒤를 돌아보진 말아요

흠, 너의 거짓말을 더 이상 듣지 않을래

난 달나라가 좋답니다

핀볼게임

무비처럼 기다리기만 하면 되는 거죠

그러면 바로 기회가 오는 거죠

누구나 가질 수 있는 건 아니어서
핀볼게임은 매끈하고 윤기 있게 말해버리죠

오늘은 빌리의 홀리데이라고!

함께 있지 않아도 압도적인 느낌에 크게 라디오를 켜고
잠깐 멈춰 섰다 굴러떨어지는 핀볼게임엔
내일의 방식을 따르거나
그걸 뒤집어 엎어버리거나
인공적인 놀이공간을 필요로 하는 거죠
아무리 부당해도 모든 영웅들이
다 검정 망토를 두르진 않듯
세상의 모든 무비를 떠받들어 주진 않는다는 거죠

아무리 낯선 도시의 일상이라도
크게 라디오를 켜고
잠깐 빛나게 멈춰 섰다 굴러떨어지는
마지막 핀볼게임으로

헤이 헤이 헤이

상황이 그리 좋은 편은 아니야

언제부터인지 평화는 위태롭지
모래 알갱이들로 가득 차 있어

결핍은 창조를 낳지

헤이 헤이 헤이

외롭다는 말은 다른 말로는 자유롭다는 뜻

다르게 해석하면
어제보단 오늘이 오늘보단 내일이
더 좋은 상황이란 뜻도 되지

그렇다면 그물을 짜야지

그래야 제대로 물고기를 낚을 수 있지

오래지 않아 선물 같은 기분을 돌리고 앉아
오늘보다 내일이 더 좋은 거래로
더 따뜻해지거나 더 쓸쓸해지기 전에
선물 같은 자유를 얻었으니

우리 악수와 포옹은 한 번만 해요

그다음의 문제

날지 못해 그렇지
공작도 분명 새는 새인데 날지 못하는 공작은
새 될 것만 같다
마주 앉아 도리도리 짝짜꿍으로
지속적으로 새 될 것만 같다

공작이 공작 되고 공작이 공작 안 되는 것은
그다음의 문제
공작이 새 되고 공작이 새 안 되는 것도
그다음의 문제

그런데 어쩌나
공작이 진정 새이긴 한데
공작 먹은 새는 공작 냄새 풀풀 풍기면서
평생 공작으로만 남을 것 같다

깊고 무지하게 조금은 뻔뻔하게
그러다 아예 대놓고 노골적으로

메멘토 모리

마치 키 작은 외계인을 위한 선물 같았어요

과거로 흘러들어도 뽑히지 않는
머리카락을 심어두기로 했어요

그래서 어제는 헤어질 결심을 했을 거예요

마치 신들이 내는 소리로
마음의 곁가지를 정리해야만 했어요

마침내 홀로 죽을까 봐서요

무슨 반응이 이렇게 건조하냐고요?
그냥 오늘 밤은 숲을 버리려고 해요

사막의 침묵

우주로부터 가장 먼 거리로 떨어진 행성
지구의 사막

사막이 키워낸 한 송이 장미는
석양빛을 감추고
사막여우가 보낸 우물은
비밀을 파고들며 보여주지
비현실적인 낙타 발자국에
죽은 듯 봄이 오면
모래바람은 신기루에 항거를 보내고
우린 좀 더 깊게 사막 너머의
풍경을 마주하지

사막은 침묵으로 두려움을 떨치려 하지

그저 순수를 살아가기 위해 걷는 걸음들
그래서 죽음을 각오해야 하지

셰익스피어가 말한 그것이 문제일까

지구 행성을 우주 사막으로 보내는 그것이 문제일까

반 영혼을 요구하는 캄캄한
암흑 냄새가 고약하다

진지하게 결합

야생의 제국은 거칠게 자라도
믿는 순간 거침이 없다

따뜻함의 블루에
0.6퍼센트의 비밀

설원 위에선 바다가 더 커지고
바다 위에선 설원이 더 커지니
눈은 신선한 것을 좋아한다

사막도 가끔은 설원에 잠긴다

이러다 보면 차가운 빛은 샤먼과
방랑 신에 등을 기댄다
자연은 시간 결합으로 딱딱 맞아떨어져
우주에 단아한 꽃이 피고
누군가는 결단 없이 귀에 숙달된 것을
타전으로 삼는다

우리에게 모두는 그럴 거다

갓 태어나 자연은 왜 두려움이 없는지
왜 결합의 시간으로 가려 하는지
합리적 의심을 두고

설원에 잠긴 사막은 지금 아주 진지하다

계절을 선도하는 여행자처럼

양귀비 꽃송이와
나의 유대관계는 이제 막 시작되었다

바라보고 있으면 가슴 열어 활활 불태워버릴 것 같은
어마어마한 힘의 끌림과
느린 눈의 피사체 속도가 아닌
착착착 수 초 단위로 재빠르게 돌아가는
부드러운 앵글의 힘

익숙함에 지치고 여전함에 지치는
집요함의 끝판왕처럼
새빨간 몇 점의 꽃송이로 온 초록을 삼켜버리는
자연의 파노라마와

고향과 귀향 사이
동백꽃과 양귀비꽃 사이
그 사이 접점은 어지러운 다가 아니어서
초록 풍경과 붉은 시간이 처음으로 손잡았을 때

둘 사이 유대관계는 뜨겁게 터져버렸다

계절을 선도하는 여행자처럼
새빨갛게 미쳐 뜨겁게 터져버렸다

백 년 동안의 고독*

여전히 활달하시군요 우르슬라님

어제하고도 똑같고 그저께도 마찬가지지만 감정적이고 인간적이며 생활에 밀착한 삶은 진실과 환각이 뒤범벅이에요

지붕은 온통 은빛을 입히고 진홍의 벨벳을 깔고 노랗게 색칠된 유리로 뒤덮은 풍선이나 알록달록한 나비에 열중이어서 무질서한 하루 일과가 참 단순하기도 해요

그리고 오늘은 월요일이기도 해요

그건 맞는 이치일 거예요

불면의 징후는 몰랐더라도 눈 감을 때 불이 켜지면 색색의 천들이 오롯이 돋아나 유쾌하게 깨어 있는 어릴 적 추억을 뒤집어 자꾸만 과거가 사라지게 하는 샛노란 생각에 수많은 감정의 소요에 묻혀 창백한 전구를 흔들어버리는 거예요

월계수 위에서 종달새가 지저귀는 지난 화요일엔 달콤하고 푸른 불면증인 수탉과 앙증맞은 핑크빛 불면증의 붕어와 보드랍고 노란 불면증인 망아지와 죽은 냄새가 나는 여자의 불면증으로 죽어서도 자라나는 머리카락에 부끄러운 힘을 심어두었죠

한번 마음에 들어오면 아무도 내쫓을 수 없는 백 년 동안의 고독으로 아직도 여기 계실 줄 몰랐어요

실례했어요 우르슬라 님

---

*G. 마르케스.

블루곤의 비밀처럼

 몇 점의 붉은 꽃송이로 온 세상을 삼켜버린 어제 아침에 희한한 꿈을 꾸었거든요

 염세적이고 권태 풀풀 날리는 요염한 얼굴*이 유령처럼 붕붕 꿈으로 날아올랐어요

 그러고 보면 오래도록 품고 있는 꿈은 서로 친화적이지 않아요 하나의 몸짓은 그대로 놔둔 채 또 다른 주문을 외우려 들거든요

 갓 구운 꿈은 설핏 묻어나는 감정들을 세워놓고 배신하지 않아요

 초자연적인 기운에 멈추지 않고 미래로 흐르게 하는 현재의 꿈은 가난해요 가난해서 세련되지 못한 꿈에 낯을 붉히고 낯을 붉혔다는 사실에 더욱 부끄러움을 가져요

 오늘 밤엔 술 마시고 잠든 내 가슴 위로 새빨간 불 바람이 휘

어얼 휘어얼 줄지어 지나갔으니 알 수 없이 죽은 것은 또 어젯밤 꿈의 나였겠군요

  부디 내가 죽는 것을 잊지 말아줘요

---

*황인숙.

지극히 정안

양귀비꽃도 때가 있다

한 송이 먼저 피고 나면 안전을 확인한 후
나머지 꽃들을 피워낸다

아침 비가 양귀비꽃 문을 두드린다

양귀비 꽃잎은 부드럽게 벌어져
흐르는 수로에 잠긴다

때맞춰 귀향한 시인이 비 내리는 우산을 받쳐 들고
양귀비꽃 문으로 들어간다

지극히 정안이다

제3부

긴장된 애교

장난스럽게
미 한 줄 슬쩍 튕겨 발현을 건드리면
꽃가지는 살짝 기우뚱

미의 여백엔 바람결 무늬가 있어
햇빛 아래 어디서든 내 안에 든 열 송이 꿈을 품고
가장 높은 부분에서 파르르 떨리는 지적인 애교는
무난함의 연속이지

그렇다고 하얀 여백에 애교 좀 부리지 마

실제로 만나는 시간은 좀 더 움찔해

기우뚱 건드리면 꽃가지는
긴장된 하루를 당겨 미 한 줄을
슬쩍

시간적인 농담

슬기로운 건 농담도 아니다

너와 난 잠투정 부리는 억양이 달라서
농담밖에 할 게 없다

표시되고 명명되지 못하던 시간에
나를 발견할 수 있는 최소한의 열쇠고리

쏘지 못한 애플 가격은?

문학과 나비의 승강장은?

침묵의 세계에서 시간과 노력은 결코 가볍지 않다
좀 더 노골적인 관계로 나아가길 원한다

머리는 뱀 같고 발은 소 같고
꼬리는 도마뱀 같고
날개는 백조 같고

털은 새끼 고양이처럼 보드랍다* 하더라도
그건 결코 슬기로운 농담이 아니었다

멈춤의 스위치를 누르고
오랫동안 스테레오그나투스로 붙들고
있을 수 없는 시간 농담을
잠시 내려놓으려면

---
*스테레오그나투스.

자명한 마이너스들

원래 그렇게 생겨 먹었다

괜히 그 자리에서 말려든 게 아니다

무지와 몽매의 편에서
그 역할을 해대며
쯧쯧! 딱하게도!

딱히 수준 이하란 단어가
이렇게 찰떡으로 잘 맞아떨어진 적은 없었다

0.1도 없는 양아치의 품새에
거기 그 주변을 어슬렁거리는
오, 마이너스들!

매워서 고추라고?
뜨겁게 매워서 청양고추라고?

놉!

딱 고것뿐인 잡것인 줄 이제 알았으니
봉선화를 휘감고 올라온 야생 콩 줄기를
가차 없이 제거해 주었다

방황이 다가 아니어서

서툴긴 하지만
앞으로 나아갈 일은 나아갈 일

우리가 자라 눈물 흘리는 바람에
강은 자꾸 깊어졌다

모든 일에는 이유가 있다

단단한 내일을 들여놓는 또 다른 흔들림에
빛나는 저 세상

계절은 두려움을 숨기지 않는다
몰랐던 시간을 출발했다 믿고는
조심스럽게 내일을 따라간다
과거의 선물처럼 지금은 좁아 보일지라도
자연과 미래의 간극을 차곡차곡 쌓아
날 선 일상을 멈춘다

오늘의 방황이 다는 아니어서
기다린 만큼 지혜롭고 풍요롭게
시간을 돌려 나아간다

흔들리지 않는 의문이다

가면무도회

너는 뒤가 마려운 고양이

그래도 힘은 이만저만이 아니어서
새들의 수다처럼 노는 일만큼 중요한 일도 없고
놀다가 지치면 가면무도회를 연다

보름달이 떠오르는 시간
고양이는 무도회 가면 하나씩을 받아 들고
전봇대 아래로 모여든다

입체적인 자세로
입체적인 모의를 한다

가면 푹 눌러쓰고
조용히 복수의 칼날을 벼린다

고양이는 왜 입체적인가

생각은 덤

지혜를 담아가는 오래된 풍경에
청동검은 라디오로 숨어버렸다

바오바브나무도 문득 깨달았다

사막은 가끔씩 우물에 잠긴다는 것을
약속 없는 사막은 너무 진지하단 것을
부드럽지 않게 꿈을 재우려 꿈을 깨우는 것도
날것의 대한 꿈은 부드러움이란 것도
마음이 와서 콕 박히는 향기처럼
그것으로 공평했다

마지막 생각은 덤이었다

그 사이에서

한걸음 멈출 때
이건 연습이자 훈련이었죠

가끔은 장난스러운 일로 소일하지만 말이에요

일부는 공격적이고 진지하며
일부는 느긋하며 태평했더랬죠

어떤 것은 흥미로운 존재가 되어 있었죠

사생활을 멀리 바라보는 일이 한 번쯤
멈출 수밖에 없는 이유엔
그들이 존재하고 있다는 거예요

놀이에서도 승자와 패자는 있듯
떠나고 싶은 자와 보내줄 수 없는 자

그 사이에서 박제 소모품은 명랑함으로 은신해 있겠죠

나이 드는 건 잘 익어가는 거라 믿는 지금처럼

나중에라도 우리는 하하하 명랑해져 있을까요?

잘난 오해로

정의가 발랄하지 않다고
수준까지 얕다고 후려치기 당해선 안 된다

사실 이 말은 온라인에서 댓글로 달렸다

간편하단 이유로 이미 누군가 했던 말을 흩뿌리고
퍼뜨리고 보는 이해 안 되는 상황

샌드위치 세 개로 정치적 영혼을 팔아치운 입처럼
조금은 명쾌하고 단순하게 주어진 사항을 곧바로 수정해서
옆으로 전달 전달하다가
슬쩍 뒤돌아서 아차 하고 놓쳐버린
좌고우면의 독배

슬쩍 가면을 뒤집어쓰고
가식을 부끄럼 없이 내세우는 면피는
농담으로 제쳐두고
굴레는 감각으로 감추었다

이상한 소리 같지만
도서관에서 만난 서가(書架) 사람들은
동굴 속에 틀어박힌 채
무거운 결별을 도모했다

잘난 오해로 말문을 닫는 것도
어딘가 이상해 보였다

지구 엔드게임

사실 이게 어려운 일이다

우린 왜 이런 일이 이렇게 됐는지 알고 싶지 않다

물러서! 물러서! 요구하는
지구의 엔드게임 1.5℃

적도와 극지방 간의 간격은 좁아지고
인류의 행성은 완벽하다

이곳은 새끼 고양이들의 놀이터
인공적인 놀이 공간이 필요해!

무지갯빛을 정화하려 윗자리에 앉혔지만
균열이 빛을 쓸어간다
바람은 자가 증폭적인 과정들을 거친다
그리고 조용히 균열이 온다

지구는 더 빨리 붉어질 수도 있겠구나

우리는 시무룩이 붉어지는 지구를 지켜봐야 할까

칠월

천국보다 낯선 색깔에
좀 더 깊고 높다랗게

노랑 빨강 주황 보라
거기에 노을 지는 태양빛을 보태
불안과 공포의 뭉크 색깔까지
맹렬히 맹목적이었다

이럴 줄 알았으면 좀 더 많은 색깔을
차용할 걸 그랬다

신이 와서 주고 간 딱 발색 좋은 선물처럼
이 이야긴 진실이어서
온갖 색을 입은 물고기조차
지중해의 색깔을 입었다

머리부터 발끝까지
다 뜨거운

흰 독말풀

시간에 공공의 적이 나타났다

적은 숲의 기억에 오래 갇혀 지냈다

악마의 나팔로
천사의 나팔로

거짓과 애교를 품고
흰색 경애를 표하며

강한 독성의 쓰임을 가치로 내세워
공공의 적임을 사실로 각인시켰다

미니멀한 마우스

무생물임에도 생명이 있어
생쥐가 아닌 숨 멎은 마우스를 앞에 두고
전전긍긍

이걸 어떻게 살려낼까
생쥐 꼬리를 빌려볼까
고양이 앞발을 빌려볼까

생각이 눈을 감고 있을 때
안드로메다에서 뿜어져 나오는 빨간 불빛

서울 사는 쥐가 길쭉한 검정 구두를 시골 기차에 걸고 있다

시골 기차가 지나고 있네
검정 구두 가득 싣고
칙칙폭폭 고리 지어 떠나고 있네
초록 기차를 원해?
은하계까지 가닿는 응?

찰그랑!

컴퓨터 앞에서 미끄러져 떨어지는 마우스
되살아난 마우스는 빨간빛을 초록빛으로 바꾸며
잠깐을 미니멀하게 떨었다

마당엔 독사

살모사 이름 대신 독사 어감이 꽤 괜찮지

뼈대의 엑기스만 추려낸 듯 쭉 째진
눈의 독기

부드러운 꼴은 아예 내장돼 있지 않아
세모꼴 머리를 번쩍

그렇게 고개 쳐올리면 어쩔 건데?
그 폼이 섹시한 줄 알아?

그래서 독사는 바짝 압축 건조된 느낌

그 옆에서 넥카라 뒤집어쓴 고양인
검은 머릴 탁 탁 탁

그만해! 잔털 날리잖아!

독사 어금니가 고양이 발톱 날릴까 봐
말벌은 독침을 힘껏 꺼내 올려
이얏!

고독적인 버섯

환각버섯도 고독했던 것이다

죽고 나니 너무 고독해서 마을로 다시 돌아온
백 년 동안의 고독인 프로텐치오처럼

고독해서 무진장 독을 품고 있어도
별수 없이 고독해져
환각버섯은 흰 무덤으로 솟아났다

달빛 그림자 억누르고
야생버섯으로 고독하게 솟아올랐다

제4부

허밍허밍한 낮

포도 향은 감정이에요

코스모스 향기는 그리움이죠

장사익 가수가 노래했죠
찔레꽃 향기는 순박해서 슬프다고

당연한 일이 아닌데도
계절은 詩앗 데려다 놓고
詩앗은 촘촘한 내면을 이리저리
흩뿌려 놓았죠

허밍허밍한 낮이
조금씩 길어지는 오후의
시간으로 감겨

나 홀로 솔캠

사람들은 이렇게 자연스럽죠

울림통의 음향을 좋아하는 나무도
하늘도 호수도 저마다의 색깔로 반짝이며
붉은 신의 힘찬 소리는 느릿느릿

지금 내 발아래는
나 홀로일 뿐

잃어버린 일상 속으로 빨려들 것 같은
무심한 개성과 쓸쓸함과 달콤함이 공존하는
느낌적인 반복에 긴 머리 볼을 쓰다듬으며

지금 나 홀로 솔캠은 어디로 내려갈지 모르지만요
소리가 일어난다면 그건 자연의 울림통이겠죠
그냥 멈출 수 없이 편히 앉아 들을 수 있는
자유란 영혼을 찾아가는 거죠

하지만 진짜 탱고는 이제 시작이에요

자연과 나 사이에 음향을 듣고 싶다면
울림통 그 느낌 그대로
고 고 고

스위트한 농담

우린 그랬거든요
지상에서 천국으로 갈 수 있다고 믿었어요
한 생애를 걸었답니다
제명대로 살다 간다는 말은
세상과 자신을 위한 농담이었어요
냉소적이고 재치 있게
죽음이 꼭 슬픈 것만은 아니길 바라는
오로라의 눈빛이랄까요
낮엔 노란색으로
밤엔 파란색으로
알 수 없는 빛을 출금하면서
엄청난 비밀을 만들어버렸어요
검지를 입술에 대고
ET의 외계는 엄청 커져 버린 거예요
불덩어리 새가 날고
새까맣게 오리 떼가 날아오르고
낮은 자세를 숭배하지 않는 자는 높은 자를 숭배하면서
진실은 어디로 내려갈지 모른다는 거예요

중세 사람들은 앓다가 위독해지면 침대를 세워
꼿꼿한 자세로 죽음을 맞이했답니다
그래야 천국으로 갈 수 있다고 믿었다니
참 스위트한 농담이죠
지금의 농담이 단단해졌다면
나중의 농담은 진짜 자제하려고요

입체적인 감정들

넌 입체적이야

난 바다 속으로 쏟아지는 폭포와 약속을 거두어
3미터 깊이로 숨을 몰아가지

바람의 기억이 낯설어 깊어질수록 날렵해지는
약속 같은 자연과 결합한 해무 수증기가
주사위 놀음을 하든 말든
매번 새롭게 건져진 문제를 복잡하게 만들어내진 마
이미 충분히 복잡하거든

그럼에도 불구하고
신의 주사위로 둘 모두이거나 예측 불가이거나
일박이일 그림자에 몸을 숨기고
작은 흑표범처럼 또는 밤의 한 조각처럼 당당히 멀어져선
나뭇가지들은 순식간에 무성해져 버려
3차원의 미궁으로 변해버리지

난 그런 입체적 감정이 좋아
요가로 춤을 추고 노래로 춤출 수 있는
선천적 너의 열정이

여기가 어디냐고 방금 묻는다면
여기는 바로 여기야

외롭게 가는 2월

생각해 봐요
세월이 뒤숭숭해서가 아니에요
흰나비들이 팔락이는 소리는
마음과 아무 상관 없는 일이에요
샛노란 나비들이 떼 지어 몰려들면
누구한테나 물어보지 않고
의논하지도 않고 따로 헤엄을 쳐요
2월은 기다림의 기복이 너무 많아요
장난치는 기분으로 겁 없이 뛰어들진 말고요
귀찮게 굴지도 말아요
이게 다 쓸데없는 짓이에요
걱정하지 말고 돌아오는 금요일에 다시 와요
약속 없는 오후 두 시는 소란함으로 분주하니까요
지금은 바쁘답니다
사뭇 바빠요
그런 줄 모르셨다고요?
2월은 외로운 달이랍니다

여행지의 비밀

오래 걸었더니 다리가 아픕니다
좀 쉬고 싶어요
바다가 나오네요
바다는 유령처럼 쌓아두거나
열을 내리지 않아 좋아요
굉장한 비밀은 아니지만
바다는 저 스스로 길을 내주잖아요
비밀을 눌러 담을 때도 있답니다
기다리게 하는 비밀은 곁가지 꿈이에요
꿈은 밤하늘에 커튼을 내려줍니다
바다는 왜 스스로 깊어지는지
그 물음은 중요하지 않아요
그보다 더 중요한 건
꿈은 계속 상승 중이란 겁니다
예상치 못한 바다는 스스로 문을 닫아버렸어요
어디로 가는 길이냐고요
바다가 깊어지니 그냥 느낌표로 말할래요

지금은 어때요

우리는 파랑의 실체를 만질 수 있을까요

영원한 것은 오로지 변화뿐
원하는 보금자리의 흔적을 보여주는 눈빛이
자연과 나 사이의 결합에 반대 신호를 보내고 있군요

하나의 길로 달려 나가야죠

번개 치고 먹구름 차니 곧 비가 올 것 같군요
좋은 비는 내려야 할 때를 알고 내려요

자연은 보전해야 하는 게 내 철칙이고요
그런 게 덤이잖아요

너무 시시하고 재미없어
더 이상 꽃을 피우지 않을까 봐
실은 사막 비에 젖어보는 거죠

그럼요 아무것도 하지 않을 때
각자 알아서 살아가야 하는 거예요

언젠가는 완벽히 혼자 남을 우리
이제 또 뭘 해야 하죠?

잘된 굿바이

좀 더 기억해 봐
말을 건넨 후 비밀스런 숙성을 거치며
품위 있게 묻진 않았지
이제 그 얘기를 하려고 해
안테나를 들어 올려
드러내고 싶은 비밀이 있을 때
그게 다 똑같진 않다는 거야
계속 잡아당기니까
주변 경치를 끌어들이는 게 중요해
기억은 세게 불어오는 법이 없어
항상 게임을 하고 이상하고 이상한 일은
더 많은 침묵을 웅변하지만
그때 불쑥 솟아난 감정은
죄책감 같은 책임감으로 남는 거야
그러나 또 언제나 일방적인 것은 아니야
나는 내 방식대로 노래하면 돼
더 이상 숨어들지 말자구
잘 늙은 절 한 채처럼 조각나고 엉겨서

여긴 어디에요? 묻는 걸로 충분해
오래된 기억은 박꽃으로 전해주면 돼
잠시 깊이 있게 멈춰 서서
굿바이

유발된 감정

오늘은 이걸로 충분하다

한없이 간질간질해진 기억과
너무나 당연해서 잊고 있었던 기억

딱딱 맞아떨어지던 감정이
오늘은 왜 이 모양이지? 하는 이유는
의도적으로 숨겨도 좋다

마침표가 아닌 휴(休)의 쉼표
거기에 혹시나 모르겠는 감정이 이미 바라는 대로
지정된 물음표로 확연일 때
그리운 부호들만 남겨두면 좋겠다

두근두근 날아갈 것 같은 유발된 감정이
느낌표로 끝나기 직전에
설핏!

소일

다정해서 좋구나

뒷산 스님 혼자 기거하는 샛길은 은행잎이 샛노랗게 묻어두었다
아마도 스님은 출타 중인가 보다

나는 무밭에 나가 무 하나 뽑아 무생채를 만들고
옅은 커피 한 잔 들고 데크에 나와 앉아 커피를 마시네

고양이는 종이상자 안에서 잠을 자고
햇살 받은 고양이 등이 하릴없이 따스하다

내일 일은 내일로 미뤄두고
오늘은 밤나무 숲에 들어가 벌레 숨어든
밤송이나 주워 와야겠다

우리 안녕은 내일에서

영혼이 많으니 조심해

나는 나가야 하지만
지독한 완벽 뒤에 어딘가 무성해 보여
그 주변에 온풍기를 돌리는 거지
고추냉이도 냉이는 냉이라며
일부 근황을 찾아 건네주는 오래된 소문

어둠의 막에서 태도나 모양을 바꾸고
탄탄하고 허스키한 방법으로
서로의 부리로 연결되는 이웃에게

아프지 마
이렇듯 오랫동안

모든 게 겹쳐 보이며 천년을 살다
밤하늘이 흔들리는 종을 치면
나는 만년을 죽어가는 거야

그럴듯한 질서를 깨고
침묵으로 가는 내일이 더는 궁금해지지 않아야지

그래서는 안 되는 이유처럼
깊은 침묵을 묻고
우리 안녕은 여기서 당연히

모순

모순이 있기 때문에 별꽃이 아름답다고요

그럴지도 몰라요
안정은 모순을 다 잃게 할지도 몰라요

혹여나 잠자고 있던 다름이 모순으로 왔다면
다름의 조화 역시 합리적 의심으로 구성해 놓았을 거예요
매번 그리할 순 없겠지 하면서도
고집불통 제멋대로인 수탕나귀 같은 모순들은
곧이곧대로 수정 이후를 진행시키지 않을 거라고요

고양이 상자가 있어요
상자 안에 고양이를 넣어요
상자 뚜껑을 닫고 한 발짝 물러나요
어떻게 될까요?

혹시나 저 고양이 상자 안에서
다음을 합쳐 모순을 실행해 본다면요

한 곳을 향한 두 개의 모순과
두 곳을 향해 나아가게 해버린 모순은
어느 관점에선 수정이 동일해졌다고 봐야 할까요
아니면 조금은 벗어났다고 봐야 할까요

이러다 보니 모순은 어려워요
모순이 있기 때문에 아름답다는 별꽃은 더 어려워요
그래도 모순을 잃지 않게 꽉 쥐고 있으려고요

서로 원활히

자꾸만 주인 모르게 안경이 출타를 감행하는 것은
주인인 내가 서로 간의 존재를 부각시켜 주지 않았기 때문

내 곁에 딱 붙어온 반창고처럼
안경과 활자 간의 상호작용을 지켜주지 못했기 때문

생각해 보니 너무 오랫동안 안경을 휴면시켰다
고삐 풀린 망아지는
더 많은 휴면이 필요해

그렇지, 하루도 거르고 살 수 없는 활자를
눈에서 멀리 떼어냈으니
두 개의 안경이 서로 출타를 감행하는 것은 당연지사

버석거리는 활자에 조금 익숙해질 즈음
어디선가 슬그머니 나타났다가
혹사시킨 눈의 휴면을 이유로 또다시 출타를 감행한
안경

활자 활용 때 쓰이는 다초점 안경과
외출용 원거리 초점의 일반 안경이
서로 원활히

정안 하고(河鼓)

정안저수지 물안개 사이의 작은 새 떼들과
몽환이 몽환 덮인 몽환 속을 지나고 있다

몽환의 시간을 헤집고
몽환과 함께 뛰어다니는 몽환 속의 고양이들
몽환에 젖어 몽환에서 몽환으로 바라보는
몽환의 눈매들

정해진 시간도 없이 불안도 없이
단 한순간의 배반도 없이
자연법칙을 어기면서
도시에서 내려온 다섯 마리
몽환적인 고양이들

몽환적인 생각이 몽환으로 귀향해
몽환적이게 정안으로 하고 하고

해설

시간성의 외로운 지평
―김자흔 시집, 『고양이는 왜 입체적인가』 읽기

오민석(문학평론가·단국대 명예교수)

1.

 존재란 무엇이며 어떻게 존재하는가. 하이데거는 이 유구한 질문에 시간성(temporality)의 개념으로 응수하였다. 하이데거가 볼 때, 시간성은 존재의 가장 근원적인 조건이며 따라서 존재 해석의 가장 기본적인 지평이다. 시간성의 개념을 끌어들이지 않고 존재를 설명할 수 없다. 일본의 전통적인 시 형식 중의 하나인 하이쿠의 간단한 규칙 중의 하나는 (시에) 시간을 나타내는 계절어(季語)를 반드시 집어넣는 것이다. 하이쿠의 작시자들은 5·7·5의 3행, 17자로 이루어진 짧은 시에 왜 구태여 시간을 나타내는 단어를 꼭 넣도록 했을까. 계절어는 단어의 낭비를 허락하지 않는 짧은 시 형식에서 한 단어

만으로도 존재와 사건의 전체적 지평(맥락)을 설명할 수 있기 때문이다. 하이쿠의 작시자들 역시 시간성이야말로 존재의 근본 조건임을 잘 알고 있었다.

김자흔의 어찌 보면 재기발랄한 이 시집에서도 시간과 관련된 단어들이 자주 반복된다. 독자들은 이 시집의 2/3 이상의 텍스트에서 '어제', '시간', '오늘', '내일', '과거', '현재'. '미래', '계절', '낮', '밤' 등의 무수한 시간 관련어들을 발견할 수 있다. 부언할 필요도 없이 이 시집에서 김자흔에게 가장 큰 화두는 '시간'이며, 시간성의 지평에서 본 존재의 풍경이다.

> 미래의 간극을 조심스럽게 따라가다
> 또 다른 흔들림에 뼈를 뼈답게 하는 시간을 넘어
> 식물도 죽어 단단한 뼈를 남기죠
> 올곧아서 주변을 두리번거리지 않고
> 쓰러진 자리에서 아래로 아래로
> 곧은 심지를 내리죠
>
> 오래된 시간은 저축 같은 매력이 있어요
> 우리가 몰랐던 시간을 출발했다 믿고는
> 끝내는 정확한 몰입으로 견디어 내죠
> 자연으로 돌아간 심지는
> 십 년 후 만우절에나 고백하려고

시간을 몰입해 두죠

―「오래된 심지」부분

  이 작품에서 독자들이 주목할 것은 시간에 대한 '해석'이 아니라 시간-의식이다. 시인은 철저하게 시간성을 근거로 현재의 사태를 추적하고 있다. 화자는 "미래의 간극을 조심스럽게 따라" 간다. 미래에 무엇이 있는가. 죽음은 미래의 터미널이다. 하이데거에 따르면 존재는 미래에서 죽음을 '예견(anticipation)'한다. 미래라는 시간은 죽음에 대한, 죽음을 향한, 존재 속에서 드러난다. 그런 점에서 미래는 시간의 일차적 현상이다. 3행의 "식물도 죽어 단단한 뼈를 남기죠"라는 대목은 미래의 시간을 언급할 때 화자가 죽음을 의식하고 있음을 정확히 보여준다. 그러므로 바로 이어지는 "쓰러진 자리"는 죽음의 자리를 가리키며, 화자는 더 이상의 시간이 부재한 자리에서도 삶의 "곧은 심지"가 깊이 내려진다고 언급한다. "저축 같은 매력"이 있는 "오래된 시간"은 과거이다. 그러나 과거는 현존재의 뒤에 존재하지 않는다. 현존재의 과거는 현존재의 앞에서 현존재를 인도한다. 그러므로 시간은 과거→현재→미래의 순서로 이어지는 선형적인 것이 아니다. 하이데거의 말대로, 현재에 우선권을 부여하는, 그리하여 시간을 "현재 순간들(now-points)"의 균일하고도 선형적인 연결로 간주하는 것은 시간에 대한 저속하고도 일상적인 개념이다.

김자흔에게 시간은 크로노스(Chronos)가 아니라 카이로스(Kairos)이다. 카이로스로서의 시간은 기회이다. 미래는 존재의 과거를 불러내 존재 앞에 세우고 존재의 (현재 완료적인) "존재해 옴(having-been-ness)"(하이데거)을 들여다보게 한다. 과거가 현존재의 앞에서 현존재를 인도한다고 하이데거가 말한 것은 바로 이런 의미에서이다. 존재가 "몰랐던 시간을 출발했다"가 "끝내는 정확한 몰입으로 견디"는 것은 바로 이런 과정을 가리킨다. 마지막 행의 "시간을 몰입"한다는 대목은 시간의 채널을 통해 존재 물음을 던지는 시인의 분명한 태도를 보여준다.

> 생의 마지막 장면을 마주하고
> 그러다 의심이 생기면 내 방식대로
> 나 홀로 방향감각을 잡아가는 거예요
>
> 날씨와 교접한 빛이 폭발될 때
> 죽은 나뭇가지는 술렁술렁 열매를 맺고
> 바람의 신은 바다에 물의 벽을 쌓아 올리죠
>
> 우연히 맞닥뜨린 자연은 우릴 배신하지 않아요
>
> 겹쳐지다 추억하다 붙여져서

유기적 관계로 일어서는 거예요

어제는 우아하고 품위 있게

내일은 또 밤의 숲을 버리려고 해요

어디로 가는 길이냐고 붙잡지 마요

얽히고설킨 미로에서

바람 햇빛 소금이 만들어낸

짠맛을 보러 가요

그나저나 오늘이 며칠인지 물어봐도 될까요

―「밤의 여행」 부분

이 시에서도 시인의 사유는 죽음-의식에서 시작된다. 현존재의 존재 물음은 항상 "생의 마지막 장면을 마주하고" 시작된다. 죽음은 미래-시간을 부르고 미래-시간은 완료형의 과거를 존재의 앞에 세우며 존재로 하여금 "방향감각을 잡아"가게 한다. 그러므로 시인에게 현재는 연속된 과거의 결과이거나 미래로 가는 길목이 아니라, 미래와 과거가 한꺼번에 얽혀 있는 통일된 시간이다. 하이데거는 이런 시간을 "본래적 시간(authentic time)"이라고 부른다. 존재 물음은 현존재가 존재를 '본래적 시간' 안에 두고 들여다볼 때 생겨난다. 그럴 때 "죽은 나뭇가지는 술렁술렁 열매를 맺"는 역설이 성립될 수 있다.

시인은 카이로스의 현재 안에서 "어제"와 "내일"을 사유한다. 그 "얽히고설킨 미로에서/바람 햇빛 소금이 만들어낸/짠맛을 보"는 것은 오로지 시간에 관한 다음의 질문을 통해서만 가능하다. "그나저나 오늘이 며칠인지 물어봐도 될까요"?

2.

시간성의 지평에서 존재는 어떤 모습을 하고 있을까. 칸트나 데카르트에게 존재는 몸이 지워진 순수 이성이나 의식의 모습으로 그려진다. 마르크스에게 존재는 역사적이고 집단적이며 계급적인 주체이다. 하이데거에게 존재는 몸·감각의 소유자로서 세계 속에 내던져져(세계-내-존재) 죽음을 예견하며 시간성의 지평에서 개인 단위에서 '각자' 길을 찾아가는 모습으로 그려진다. 김자흔 시인에게 있어서 존재 역시 시간성의 지평 위에서 '홀로' 자신의 길을 찾아가는 외로운 존재이다.

> 마치 키 작은 외계인을 위한 선물 같았어요
>
> 과거로 흘러들어도 뽑히지 않는
> 머리카락을 심어두기로 했어요
>
> 그래서 어제는 헤어질 결심을 했을 거예요

마치 신들이 내는 소리로

마음의 곁가지를 정리해야만 했어요

마침내 홀로 죽을까 봐서요

무슨 반응이 이렇게 건조하냐고요?
그냥 오늘 밤은 숲을 버리려고 해요
　　　　　　　　　　　　—「메멘토 모리」 전문

제목에서 드러나다시피 김자흔에게 있어서 존재와 시간에 대한 사유는 거의 항상 죽음에 대한 의식에서 시작된다. 죽음을 예견케 하는 미래 앞에서 존재는 "마치 키 작은 외계인"처럼 낯설고 무력하다. 그러나 화자는 힘없이 주저앉지 않는다. "신들이 내는 소리로/마음의 곁가지를 정리"하는 것이야말로 하이데거적 의미의 존재론적 "결단(resoluteness)"이다. 시인은 (구체적으로 명시되어 있지 않지만) 헤어져야 할 것과 "헤어질 결심"을 하고 "과거로 흘러들어도 뽑히지 않는/머리카락을 심어"둔다. 그리고 이 모든 이유는 "홀로 죽을까 봐서"이다. 화자는 짐짓 모른 체하지만, 그 어떤 결단을 통해 그 어떤 시간을 카이로스로 만들어도 결국은 홀로 죽어야 한다는 사실을 잘 알고 있다. 그러므로 미래의 시간을 가진 자들은 모두 그런 외로운 죽음의 시간을 기억(메멘토 모리)해야 한다. 이것이야말로 안타깝지만 "건조"한 진실이다.

우리는 파랑의 실체를 만질 수 있을까요

영원한 것은 오로지 변화뿐
원하는 보금자리의 흔적을 보여주는 눈빛이
자연과 나 사이의 결합에 반대 신호를 보내고 있군요

하나의 길로 달려 나가야죠

번개 치고 먹구름 차니 곧 비가 올 것 같군요
좋은 비는 내려야 할 때를 알고 내려요

자연은 보전해야 하는 게 내 철칙이고요
그런 게 덤이잖아요

너무 시시하고 재미없어
더 이상 꽃을 피우지 않을까 봐
실은 사막 비에 젖어보는 거죠

그럼요 아무것도 하지 않을 때

각자 알아서 살아가야 하는 거예요

언젠가는 완벽히 혼자 남을 우리
이제 또 뭘 해야 하죠?
—「지금은 어때요」 전문

시간성의 지평에서 바라볼 때, 영원한 것은 무엇일까. 존재는 '지금까지 있어 왔음'의 지도를 앞에 놓고 죽음의 지붕에서 현재를 내려다보며 다양한 결단을 수행한다. 그러나 존재는 궁극적인 의미에서 "파랑의 실체"를 만질 수 없다. 존재는 그것이 속해 있는 '세계'와 시간의 프리즘에 따라 마지막 순간까지 변화한다. 그러므로 영원한 것은 "오로지 변화뿐", 변화한다는 사실 자체뿐이다. 너무 뻔한 이야기이지만, 그러므로 존재가 할 일은 존재 바깥의 세계를 지배하는 원리, 즉 "자연"이라는 거대한 "하나의 길"로 달려 나가는 것밖에 없다. 이 당연한 진실은 "너무 시시하고 재미없어" 그것에 동화되는 것은 "아무것도 하지 않"는 것처럼 보일 수도 있다. 그러나 존재는 시간성의 지평과 세계의 원리에 따라 변화무쌍한 현실을 "각자 알아서 살아가야" 함을 명심해야 한다. 시인이 계속 회귀하는 자리는 바로 이 '홀로됨'의 외로운 현실이고, 시인이 계속 던지는 질문은 시간성의 지평에서 이 홀로됨을 어떻게 견디는가이다. 이런 맥락에서 볼 때, "이제 또 뭘 해야 하죠?"라는 문장은 실로 많은 의미를 함유하고 있다. 이 질문은 시간성("이제")을 깔고, 영원한 반복인 변화의 현실("또")을 지칭하며, 나갈 길("뭘 해야")을 묻고("하죠?") 있다.

> 환각버섯도 고독했던 것이다
>
> 죽고 나니 너무 고독해서 마을로 다시 돌아온
> 백 년 동안의 고독인 프로텐치오처럼
>
> 고독해서 무진장 독을 품고 있어도
> 별수 없이 고독해져
> 환각버섯은 흰 무덤으로 솟아났다
>
> 달빛 그림자 억누르고
> 야생버섯으로 고독하게 솟아올랐다
> ―「고독적인 버섯」 전문

이 시에서 "환각버섯"은 시간-사유에 중독된 존재의 은유로 읽어도 된다. 이 존재에게 죽음은 존재의 끝이 아니다. 죽음-시간 이후에도 "고독"은 사라지지 않는다. 고독은 시간성을 초월한 존재론적 조건이다. "프로텐치오"는 죽음 이후의 '홀로됨'을 견디지 못해 현세로 돌아온다. 고독의 독조차 고독을 이기지 못해 다시 고독해져 "흰 무덤"으로 솟아난다. 이것은 되살아난 죽음의 상상적 결과이다. 죽음을 양분으로 죽음을 죽이고 살아난 죽음은 시간성의 지평을 뛰어넘는다. 문제는 이런 상상조차 고독을 뛰어넘지 못한다는 사실이다. 시인에게 고독은 시간성을 억압해도("달빛 그림자 억누르고") 해결되지 않는 "야생"의 힘이다.

3.

그렇다면 존재론적 사유의 끝에서 시인이 만나는 존재의 풍경은 어떤 것인가. 그것은 너무나 뻔해서, 그저 시간성에 따른 변화 자체여서, 권태스러운 사막인가?

> 시간에 공공의 적이 나타났다
>
> 적은 숲의 기억에 오래 갇혀 지냈다
>
> 악마의 나팔로
> 천사의 나팔로
>
> 거짓과 애교를 품고
> 흰색 경애를 표하며

강한 독성의 쓰임을 가치로 내세워

공공의 적임을 사실로 각인시켰다

—「흰 독말풀」전문

 앞에서 말했다시피, 시간성은 존재의 근원적인 지평이므로 어떤 존재도 시간성을 회피할 수 없으며 시간성을 경유하지 않고 어떤 존재도 설명할 수 없다. 그런데 갑자기 "시간에 공공의 적"이 나타났다니. 이게 가능한 일인가. 선택의 대상일 수 없는, 근원적인 조건을 반대하는, "공공의 적"이란 무엇인가. 시간성을 배제하고선 아무런 존재도 가정할 수 없으므로, 여기에서 말하는 공공의 적은 실제로 존재하지 않는, 시인이 만들어낸 가상의 힘이다. 시인은 시간성과 존재의 관계를 인정하지만, 그것에 대한 관념적 이해를 거부한다. 시인에게 그것은 무미건조한 공식이 아니라 현존재의 감각에 생생하게 살아 있는 현실이다. 시인은 가상의 적을 만들어 시간성의 폭력에 맞섬으로써 존재의 풍경에 서사(narrative)를 덧씌운다. 그것은 실제로 존재하지 않지만 마치 "숲의 기억에 오래 갇혀" 있다가 튀어나온 "악마"나 "천사"처럼 나팔을 불며 권태의 시간성을 깨운다.

 너는 뒤가 마려운 고양이

그래도 힘은 이만저만이 아니어서

새들의 수다처럼 노는 일만큼 중요한 일도 없고

놀다가 지치면 가면무도회를 연다

보름달이 떠오르는 시간

고양이는 무도회 가면 하나씩을 받아 들고

전봇대 아래로 모여든다

입체적인 자세로

입체적인 모의를 한다

가면 푹 눌러쓰고

조용히 복수의 칼날을 벼린다

고양이는 왜 입체적인가

—「가면무도회」 전문

  동화적 상상력이 돋보이는 이 작품도 겉보기와 달리 여전히 시간에 관하여 이야기하고 있다. 놀랍게도 만화영화 같은 장면을 가장한 이 시의 배경은 "보름달이 떠오르는 시간"이다. 보름달은 '꽉 찬 시간'의 상징이다. 그 가장 충만한 시간에 가면을 쓰고 "조용히 복수의 칼날을 벼"리는 고양이들은 도대체 무엇에 저항하는 것일까. 그것은 바로 권태이다. 그들이 가면무도회를 여는 시간은 "중요한 일도 없고/놀다가 지"칠 때이다. 그들은 권태를 견디지 못하는 존재들이다. 그들의 변별적 자질은 항상 "입체적인 자세"로 나타난다. 이들은 시간의 평면적 전개를 견디지 못하는, 권태의 가장 위태로운 적들이다. 시인은 이런 존재들을 배열함으로써 시간성의 축에 따라 움직이는 세계가 관념의 사막으로 전락하는 것을 막는다. 그런 권태야말로 견딜 수 없는 죽음의 풍경이다. 현존재는 시간성과 만나 다양한 주름을 만들면서 "입체적인" 현존재의 풍경을 그린다. 시간성에 저항하는 상상 혹은 상징조차도 그런 상상력의 결과물이다. "고양이는 왜 입체적인가"? 그것은 평면적 시간성, 관념적 시간성을 견딜 수 없기 때문이다.

시인동네 시인선 235

고양이는 왜 입체적인가
ⓒ 김자흔

초판 1쇄 인쇄	2024년 7월 22일
초판 1쇄 발행	2024년 7월 29일
지은이	김자흔
펴낸이	김석봉
디자인	헤이존
펴낸곳	문학의전당
출판등록	제448-251002012000043호
주소	충북 단양군 적성면 도곡파랑로 178
전화	043-421-1977
전자우편	sbpoem@naver.com

ISBN 979-11-5896-656-0 03810

*이 책의 판권은 지은이와 문학의전당에 있습니다.
*양측의 서면 동의 없는 무단 전재 및 복제를 금합니다.
*잘못 만들어진 책은 바꿔드립니다.
*이 시집은 2024년 충청남도, 충남문화관광재단의 후원으로
 발간되었습니다.